Impressum
Verlag: BABADADA GmbH, Nedderfeld 112 , 22529 Hamburg
Geschäftsführer / Verlagsleitung: Harald Hof
Druck: Books on Demand GmbH, In de Tarpen 42, 22848 Norderstedt

Imprint
Publisher: BABADADA GmbH, Nedderfeld 112, 22529 Hamburg, Germany
Managing Director / Publishing direction: Harald Hof
Print: Books on Demand GmbH, In de Tarpen 42, 22848 Norderstedt, Germany

1

ትምህርት ቤት

בית ספר

ማካፈል
חילק
186/2
መማሪያ ክፍል
כיתה
ሰሌዳ
לוח
የትምህርት ቤት ቅጥር ግቢ
መምህር
מורה
ወረቀት
נייר
כתב
עט
መፃፊያ ጠረጴዛ
שולחן עבודה
ማስመሪያ
סרגל
መጽሐፍ
ספר
ተማሪ
תלמיד

የጀርባ ቦርሳ

ילקוט

የእርሳስ መያዣ

קלמר

እርሳስ

עיפרון

የእርሳስ መቅረጫ

מחדד

ላጲስ

גומי מחיקה

የስዕል ደብተር

חוברת סרטוט

2 ትምህርት ቤት - בית ספר

ስዕል
....
סרטוט

የቀለም ብሩሽ
....
מברשת

የቀለም ሳጥን
....
קופסת צבעים

መቀስ
....
מספריים

ማጣበቂያ
....
דבק

መልመጃ ደብተር
....
ספר תרגול

የቤት ስራ
....
שיעור בית

12

ቁጥር
....
מספר

2+2

መደመር
....
חיבר

5-2

መቀነስ
....
חיסר

2×2

ማባዛት
....
הכפיל

ቁጥሮችን ማስላት
....
חישב

A

ደብዳቤ
....
אות

ABCDEFG HIJKLMN OPQRSTU VWXYZ

ፊደላት
....
אלפבית

hello

ቃል
....
מילה

ፅሑፍ

טקסט

ማንበብ

קרא

ጠመኔ

גיר

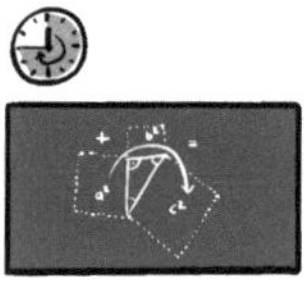

ትምህርት

שיעור

ምዝገባ

יומן נוכחות

ፈተና

מבחן

ሰርተፊኬት

תעודה

የትምህርት ቤት የደንብ ልብስ

תלבושת בית ספר

ትምህርት

חינוך

አዉደ ጥበብ

אנציקלופדיה

ዩኒቨርስቲ

אוניברסיטה

የምርምር አጉሊ መሳርያ

מיקרוסקופ

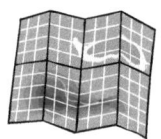

ካርታ

מפה

የቆሻሻ ወረቀት መጣያ ቅርጫት

סל נייר

נסיעה

ሆቴል
מלון
Grand
ማረፊያ ቤት
הוסטל
ROOMS
የዉጭ ገንዘብ ምንዛሪ ቢሮ
המרת מטבע
CHANGE
ልብስ መያዣ ሻንጣ
מזוודה
መኪና
אוטו

ቋንቋ

שפה

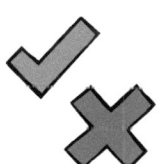

አዎ/ አይደለም

כן / לא

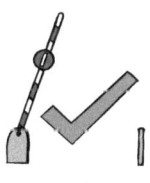

እሺ

בסדר

ሰላም

שלום

አስተርጓሚ

מתרגם

አመሰግናለሁ

תודה

ስንት ነዉ.......?

כמה עולה.....?

አልገባኝም

אני לא מבין

እክል

בעיה

እንደምን አመሹ!

ערב טוב!

እንደምን አደሩ!

בוקר טוב!

መልካም ምሽት!

לילה טוב!

ደህና ይሰንብቱ

להתראות

አቅጣጫ

כיוון

ሻንጣ

כבודה

ቦርሳ

תיק

የጀርባ ቦርሳ

תרמיל גב

እንግዳ

אורח

ክፍል

חדר

የመተኛ ቦርሳ

שק שינה

ድንኳን

אוהל

የጎብኚዎች መረጃ

....

מרכז מידע לתיירים

የባህር ዳርቻ

....

חוף ים

ክሬዲት ካርድ

....

כרטיס אשראי

ቁርስ

....

ארוחת בוקר

ምሳ

....

ארוחת צהריים

እራት

....

ארוחת ערב

ቲኬት

....

כרטיס

አሳንሰር

....

מעלית

ማህተም

....

בול

ድንበር

....

גבול

ባህሎች

....

מכס

ኤምባሲ

....

שגרירות

ቪዛ/የይለፍ ወረቀት

....

אשרה

ፓስፖርት

....

דרכון

መጓጓዣ

תחבורה

አዉሮፕላን
מטוס
መርከብ
אונייה
የእሳት አደጋ
መኪና
כבאית
אוטובוס
የጭነት መኪና
משאית
የሞተር ጀልባ
סירת מנוע
ብስክሌት
אופניים
መኪና
אוטו

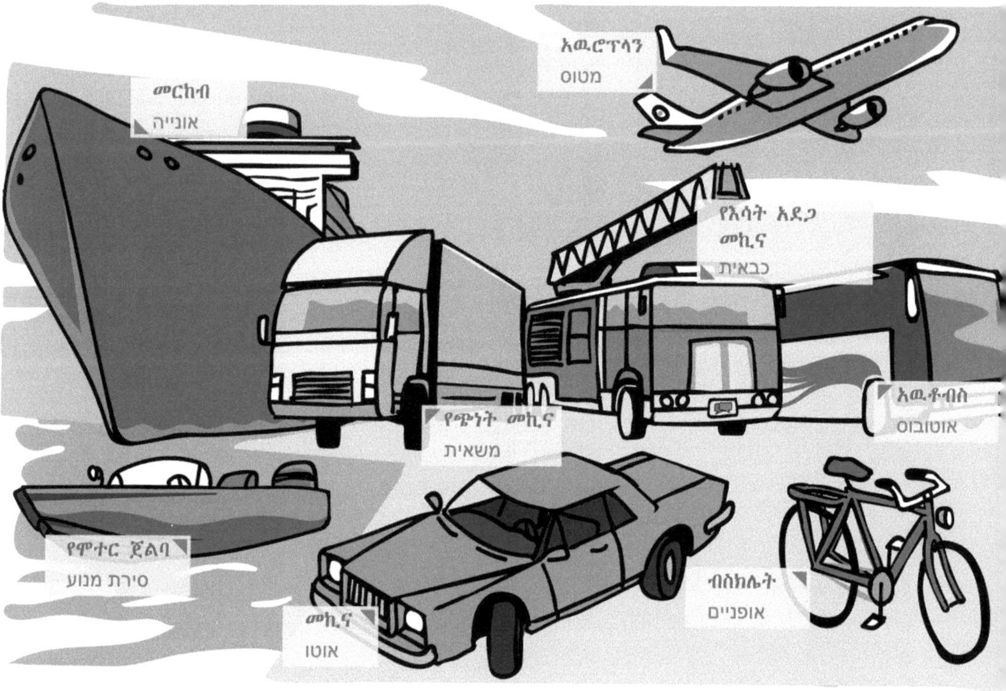

የማመላለሻ ጀልባ
....
מעבורת

ጀልባ
....
סירה

የሞተር ብስክሌት
....
אופנוע

የፖሊስ መኪና
....
ניידת משטרה

የዉድድር መኪና
....
מכונית מרוץ

የኪራይ መኪና
....
רכב שכור

የመኪና መጋራት

מכוניות בשיתוף

ጎታች መኪና

אוטו גרר

የቆሻሻ ጭነት መኪና

משאית זבל

ሞተር

מנוע

ነዳጅ

דלק

የቤንዚን ማደያ

תחנת דלק

የመንገድ ምልክት

תמרור

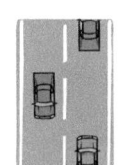

የመኪኖች እንቅስቃሴ

תנועה

የመኪና መጨናነቅ

פקק תנועה

የመኪና ማቆሚያ

חניה

የባቡር ጣቢያ

תחנת רכבת

የባቡር ሀዲዶች

פסי רכבת

ባቡር

רכבת

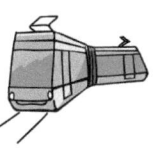

የኤሌክትሪክ ባቡር

רכבת קלה

ሰረገላ

קרון

ሄሊኮፕተር
....
מסוק

አየር ማረፊያ
....
שדה-תעופה

ማማ
....
מגדל

መንገደኛ
....
נוסע

ማስቀመጫ፤ ማጠራቀሚያ
....
קונטיינר

ካርቶን እቃ ማሸጊያ
....
קרטון

ጋሪ፤ ተሳቢ
....
עגלה

ቅርጫት
....
סל

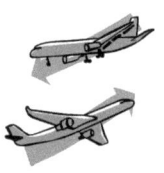

መነሳት/ ማረፍ
....
המראה / נחיתה

ከተማ

עיר

መንደር
....
כפר

የከተማ ማዕከል
....
מרכז העיר

ቤት
....
בית

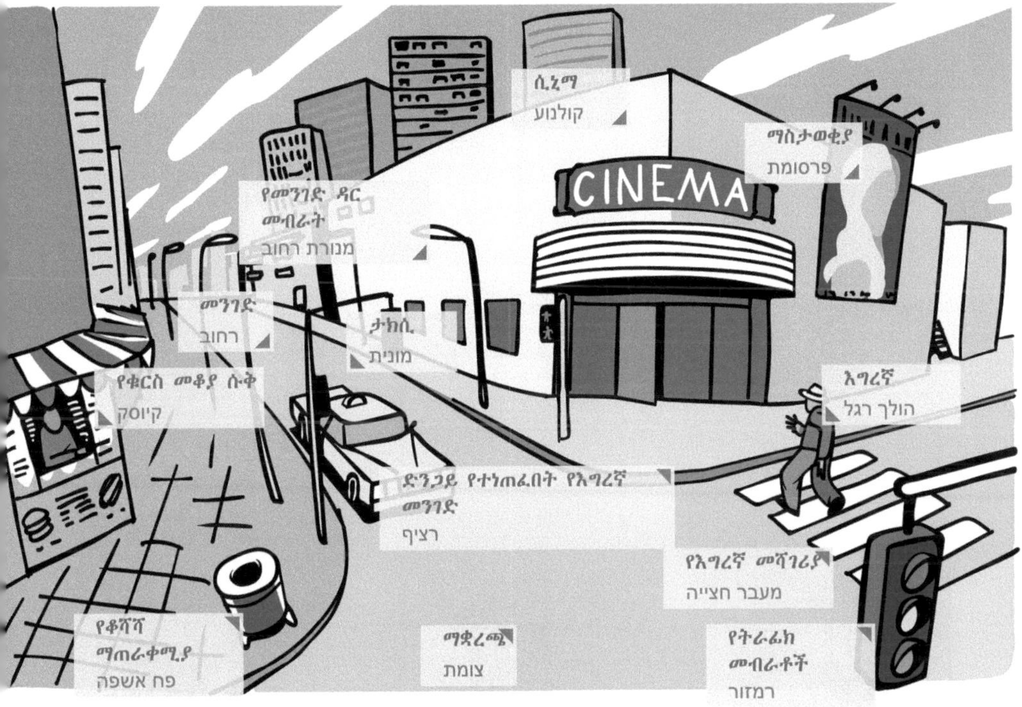

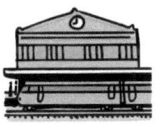

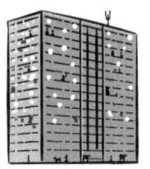

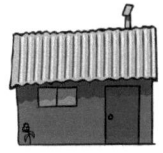

ሲኒማ
קולנוע
CINEMA
ማስታወቂያ
פרסומת
የመንገድ ዳር መብራት
מנורת רחוב
መንገድ
רחוב
ታክሲ
מונית
እግረኛ
הולך רגל
የቁርስ መቆያ ሱቅ
קיוסק
ድንጋይ የተነጠፈበት የእግረኛ መንገድ
רציף
የእግረኛ መሻገሪያ
מעבר חצייה
የቆሻሻ ማጠራቀሚያ
פח אשפה
ማቋረጫ
צומת
የትራፊክ መብራቶች
רמזור

ጎጆ

בקתה

አፓርታማ

דירה

የባቡር ጣቢያ

תחנת רכבת

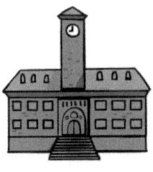

የከተማ አዳራሽ

עירייה

MUSEUM

ቤተ መዘክር

מוזיאון

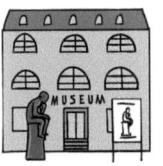

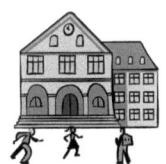

ትምህርት ቤት

בית ספר

ዩኒቨርስቲ

אוניברסיטה

ባንክ

בנק

ሆስፒታል

בית חולים

ሆቴል

מלון

መድሐኒት ቤት

בית מרקחת

ቢሮ

משרד

መፅሐፍ መሸጫ

חנות ספרים

ሱቅ

חנות

የአበባ መሸጫ

חנות פרחים

የሸቀጣ ሸቀጥ መደብር

סופרמרקט

ገበያ ስፍራ

שוק

መደብር

כל-בו

የዓሳ ነጋዴ

מוכר דגים

የገበያ ማዕከል

קניון

ወደብ

נמל

መናፈሻ ቦታ

פארק

አግዳሚ ወንበር

ספסל

ል ይ

גשר

ረጃዎች

מדרגות

ዉስጥ ለዉስጥ

רכבת תחתית

ዋሻ

מנהרה

የአዉቶቡስ ፌርማታ

תחנת אוטובוס

ባር

בר

ምግብ ቤት

מסעדה

የፖስታ ሳጥን

תא דואר

የመንገ ምልክት

שלט רחוב

የመኪና ማቆሚያ ሒሳብ የሚያሰላ ማሽን

מדחן

የ ር እንስሳት ማቆያ

גן חיות

የመዋኛ ገንዳ

בריכת שחיה

መስጊ

מסגד

እርሻ
....
חווה

ሚበከል ነገር
....
זיהום

መቃብር ስፍራ
....
בית עלמין

ተ ክርስቲያን
....
כנסייה

መጫወቻ ሜዳ
....
מגרש משחקים

ተ መቅደስ
....
בית מקדש

መልከዓምድር

נוף

ቅጠል
עלה

መንገ ላይ ምልክት
תמרור

መንገ
דרך

ረንጓዴ መስክ
מרעה

ን ይ
אבן

በእግፉ ሜንገ
מטייל

ፉ
עץ

መንዝ
נהר

ሳር
דשא

በባ
פרח

ሸለቆ
....
בקעה

ኮረብታ
....
הר

ሀይቅ
....
אגם

ጫካ
....
יער

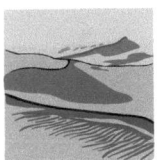

በረሃ
....
מדבר

እሳተ ገሞራ
....
הר געש .

ግምብ
....
טירה

ቀስተ ዳመና
....
קשת בענן

እንጉዳይ
....
פטריה

የቴምብር ዛፍ/ ዘንባባ
....
דקל

ቢንቢ/ የወባ ትንኝ
....
יתוש

በራሪ
....
זבוב

ጉንዳን
....
נמלה

ንብ
....
דבורה

ሸረሪት
....
עכביש

ጢንዚዛ

חיפושית

እንቁራሪት

צפרדע

ሽኮኮ

סנאי

ጃርት

קיפוד

ጥንቸል

ארנב

ጉጉት ወፍ

ינשוף

ወፍ

ציפור

የዉሃ ዳክዬ

ברבור

ከርከሮ

חזיר בר

አጋዘን

צבי

አጋዘን

אייל הקורא

ግድብ

סכר

በነፋስ የሚሽከረከር

טורבינת רוח

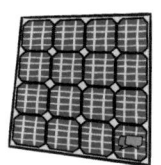

የፀሀይ ፓኔሎ

פנל סולארי

አየር ንብረት

אקלים

ምግብ ቤት

מסעדה

አስተናጋጅ
מלצר
תפריט
ወንበር
כסא
ሾርባ
מרק
פיצה
መክተፊያ
סכו"ם
የጠረጴዛ ጨርቅ
מפת שולחן

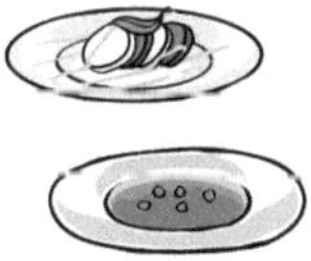

የምግብ ፍላጎትን የሚከፍት ምግብ
מנת פתיחה

ዋና ምግብ
מנה עיקרית

ማጣጣሚያ ተከታይ ምግብ
קינוח

መጠጦች
שתיות

ምግብ
אוכל

ጠርሙስ
בקבוק

ፈጣን ምግብ
....
מזון מהיר

የመንገድ ምግብ
....
אוכל רחוב

የ ይ ማንቆርቆሪያ
....
קנקן תה

የስኳር እቃ
....
מסכרת

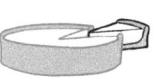

ድር
....
מנה

የቡና ማፈያ ማሽን
....
מכונת אספרסו

ባለጌ ወንበር
....
כסא תינוק

የክፍያ ደረሰኝ
....
חשבון

ትሪ
....
מגש

ቢላዋ
....
סכין

ሹካ
....
מזלג

ማንኪያ
....
כף

የ ይ ማንኪያ
....
כפית

ልብስ ምግብ እንዳይነካ የሚረዳ ጨርቅ
....
מפית

ብርጭቆ
....
כוס

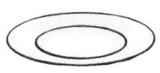

ዝርግ ሰሀን
....
צלחת

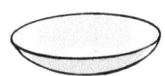

የሾርባ ጎድጓዳ ሰሀን
....
קערת מרק

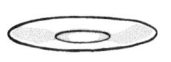

የስኒ ማስቀመጫ
....
תחתית

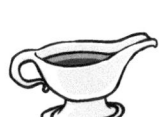

ማጣፈጫ ስጎ
....
רוטב

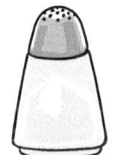

የጨዉ እቃ
....
מלחייה

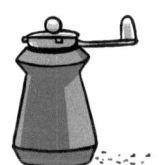

የተፈጨ ቃሪያ
....
מטחנת פלפל

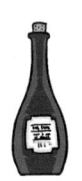

ኮምጣጤ
....
חומץ

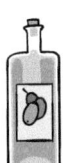

የምግብ ዘይት
....
שמן

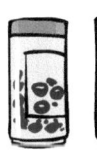

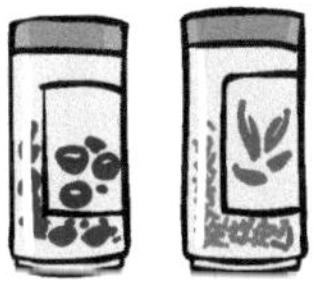

ቀመማ ቅመሞች
....
תבלינים

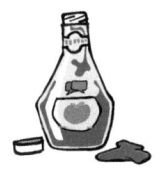

የቲማቲም ድልህ
....
קטשופ

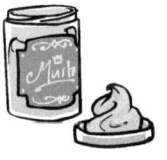

ሰናፍጭ
....
חרדל

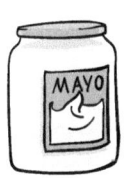

ማዮኒዝ
....
מיונז

የሸቀጣ ሸቀጥ መደብር

סופרמרקט

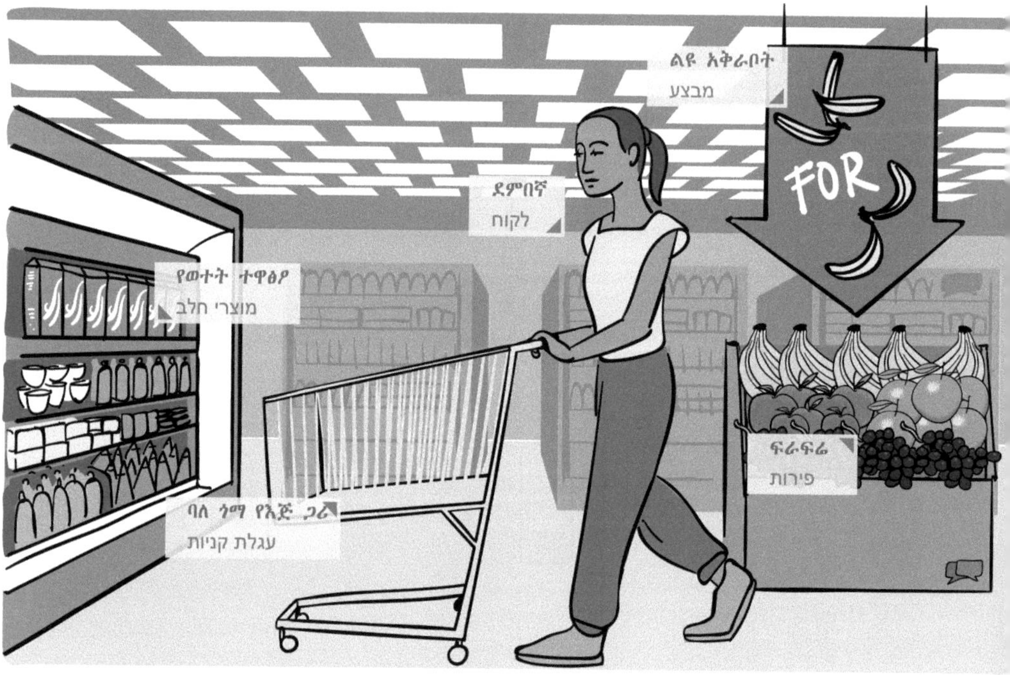
ልዩ አቅራቦት
מבצע
FOR
ደምበኛ
לקוח
የወተት ተዋፅዖ
מוצרי חלב
ፍራፍሬ
פירות
ባለ ጎማ የእጅ ጋሪ
עגלת קניות

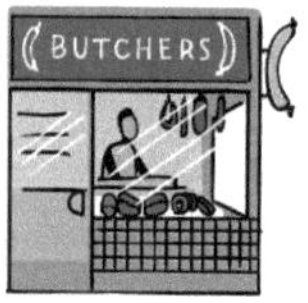
BUTCHERS

ሉካንዳ ነጋዴ

....

אטליז

BAKERY

መጋገርያ

....

מאפייה

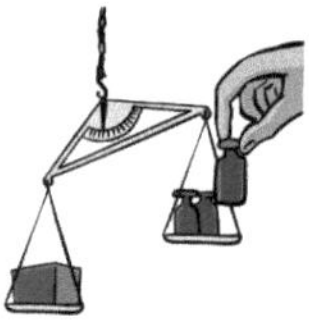

ክብደት መመዘን

....

שקל

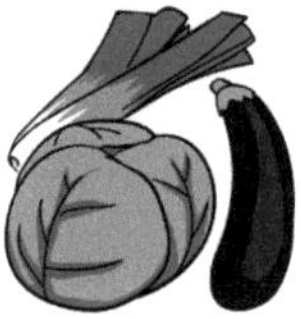

ቅጠላ ቅጠል አትክልት

....

ירקות

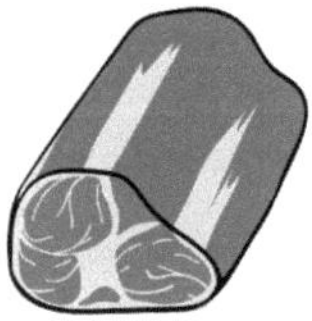

ስጋ

....

בשר

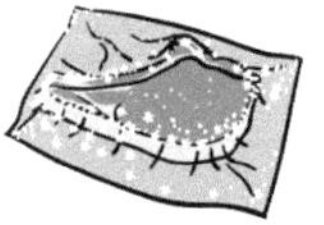

የቀዘቀዘ/የረጋ ምግብ

....

מזון קפוא

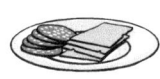

ቀዝቃዛ ቁራጭ

בשר קר

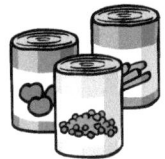

የታሸገ ምግብ

שימורים

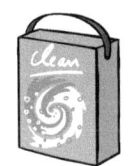

የማጠቢያ ዱቄት

אבקת כביסה

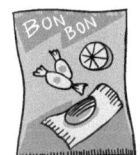

ጣፋጮች

ממתקים

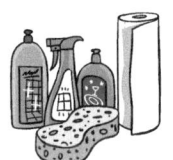

የቤት ዉስጥ ዉጤቶች

מוצרי בית

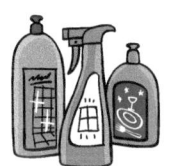

የፅዳት ምርቶች

חומר ניקוי

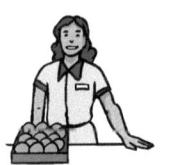

የሽያጭ ባለሙያ

מוכרת

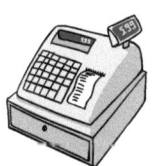

የገንዘብ መመዝቢያ ማሽን

קופה

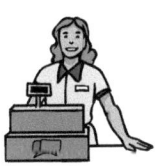

የሒሳብ ሰራተኛ

קופאי

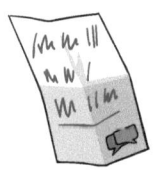

የግዢ ዝርዝር

רשימת קניות

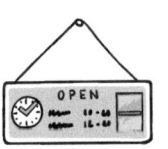

ክፍት ሰዓታት

שעות פתיחה

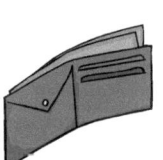

የኪስ ቦርሳ

ארנק

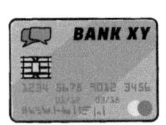

ክሬዲት ካርድ

כרטיס אשראי

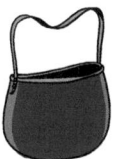

ቦርሳ

תיק

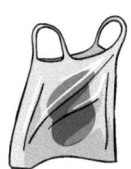

የፕላስቲክ ቦርሳ

שקית נילון

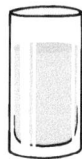

መጠጦች

שתיות

ዉሃ

מים

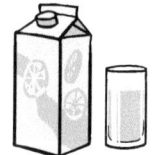

ጭማቂ

מיץ

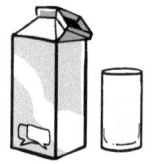

ወተት

חלב

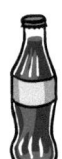

ኮካ-ኮላ

קולה

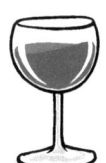

ወይን

יין

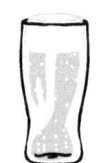

ቢራ

בירה

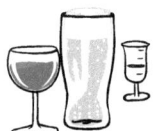

አልኮል

אלכוהול

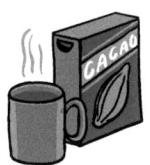

ኮካ

קקאו

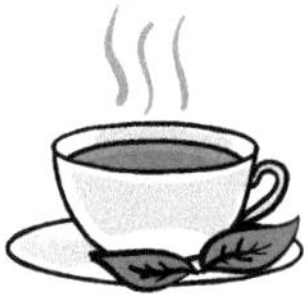

ሻይ

תה

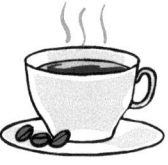

ቡና

קפה

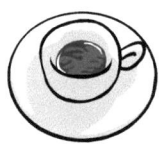

የተፈላ ቡና

אספרסו

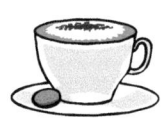

ካፑቺኖ

קפוצ'ינו

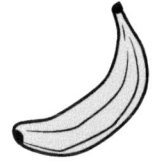

ምግብ
אוכל

ብርቱካን

תפוז

ፖም

תפוח

ሙዝ

בננה

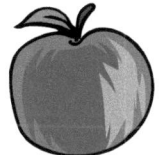

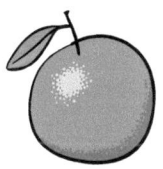

ካሮት

גזר

ሎሚ

לימון

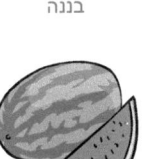

ሀብሀብ

אבטיח

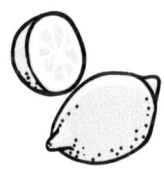

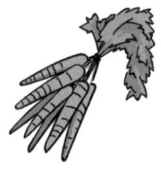

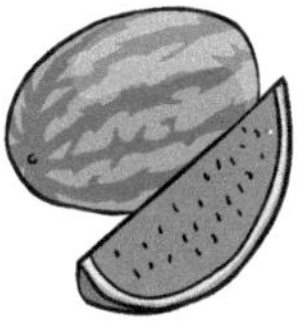

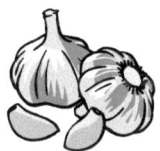

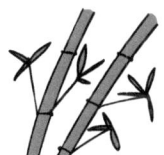

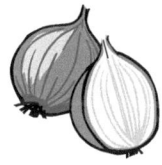

ቀይ ሽንኩርት

בצל

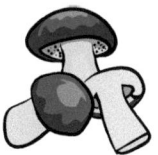

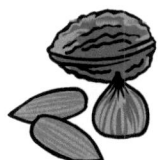

ሸምበቆ

במבוק

ነጭ ሽንኩርት

שום

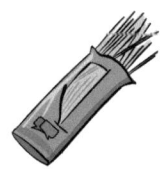

የህፃናት ምግብ

אטריות

ለዉዝ

אגוזים

እንጉዳይ

פטריות

ፓስታ

ספגטי

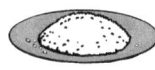

ሩዝ

אורז

ሰላጣ

סלט

የድንች ጥብስ

צ'יפס

ድንች ጥብስ

צ'יפס

ፒዛ

פיצה

ዳቦ ዉስጥ በስሱ ተጠብሶ የገባ ስጋ

המבורגר

ሳንድዊች

כריך

ጥሬ ስጋ

שניצל

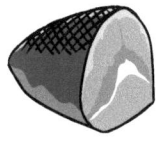

የአሳማ ስጋ

שינקין

በቅመምና በጨዉ የታሸ ምግብ ቀዝቅዞ የሚበላ ሾርባ ምግብ

סלאמי

ቋሊማ

נקניקיה

ዶሮ

עוף

ጥብስ

טיגון

አሳ

דג

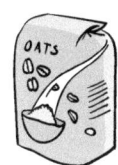

የአጃ ገንፎ

שיבולת שועל

ከወተት ጋር ተደባልቀዉ የሚበሉ ምግቦች

מוזלי

የበቆሎ ቅርፊት

קורנפלקס

ዱቄት

קמח

ኩራሳ

קרואסון

ድብልብል ዳቦ

לחמנייה

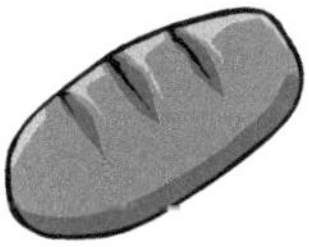

ዳቦ

לחם

መጥበስ

טוסט

ብስኩት

עוגיות

ቅቤ

חמאה

እርጎ

גבינה לבנה

ኬክ

עוגה

እንቁላል

ביצה

እንቁላል ጥብስ

ביצת עין

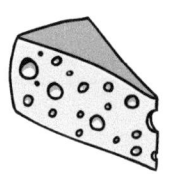

አይብ

גבינה

የበረዶ ክሬም
....
גלידה

ስኳር
....
סוכר

ማር
....
דבש

ማርማላት
....
ריבה

የተናጠ የወተት ክሬም
....
ממרח נוגט

ማጣፈጫ
....
קארי

የገበሬ ቤት
בית חווה

የእህልና የከብት ማቀመጫ ቤት
אסם

ፈረስ
סוס

የጭድ ክምር
חבילת שחת

ሜዳ
שדה

ተሳቢ መኪና
עגלת נגרר

የእርሻ መኪና
טרקטור

አህያ
חמור

የፈረስ ዉርንጭላ
סייח

በግ
כבש

የበግ ጠቦት
טלה

ፍየል
עז

ላም
פרה

ጥጃ
עגל

አሳማ
חזיר

ግልገል አሳማ
חזרזיר

ኮርማ
שור

ዝይ

אווז

ዳክዬ

ברווז

የዶሮ ጫጩት

אפרוח

ዶር

תרנגולת

አዉራ ዶሮ

תרנגול

አይጥ

חולדה

ደድመት

חתול

አይጥ

עכבר

በሬ

שור

ዉሻ

כלב

የዉሻ ቤት

מלונה

የአትክልት ቦታ

צינור השקיה

ዉሃ ማጠጫ ባልዲ

קנקן מים

ረጅም ማጭድ

חרמש

ማረሻ

מחרשה

ማጭድ
....
מגל

መኮትኮቻ
....
מגרפה

የእህል መንሽ
....
קלשון

መጥረቢያ
....
גרזן

ኩርኩር/ የእጅ ጋሪ
....
מריצה

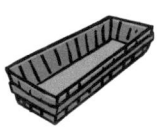

ገንዳ
....
שוקת

የወተት ዕቃ
....
כד חלב

ጆንያ ከረጢት
....
שק

አጥር
....
גדר

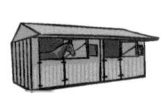

የፈረስ ጋጣ
....
אורווה

ዕፅዋት ማሳደጊያ የመስታዉት ቤት
....
חממה

አፈር
....
אדמה

ዘር
....
זרע

የመሬት ማዳበሪያ
....
דשן

ጥምር ማረሻ
....
מקצרה

አዝመራ መሰብሰብ

....

קצר

አዝመራ

....

קציר

ድንች

....

בטטה אפריקנית

ስንዴ

....

חיטה

ሶያ

....

סויה

ድንች

....

תפוח אדמה

በቆሎ

....

תירס

የከብት መኖ

....

קנולה

የፍሬ ዛፍ

....

עץ פירות

የካሳቫ ዛፍ

....

קסבה

እህል

....

דגנים

ቤት

בית

የጪስ ማዉጫ
ארובה
ጣራ
גג
መስኮት
חלון
ጋራዥ
מוסך
የበር ደወል
פעמון
በር
דלת
የቆሻሻ ማጠራቀሚያ
פח אשפה
ፖስታ ሳጥን
תיבת מכתבים
የአትክልት ቦታ
גינה

ሳሎን

סלון

መታጠቢያ ቤት

חדר אמבטיה

ማድቤት

מטבח

መኝታ ቤት

חדר שינה

የልጅ ክፍል

חדר ילדים

መመገቢያ ክፍል

חדר אוכל

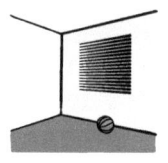

ወለል
....
רצפה

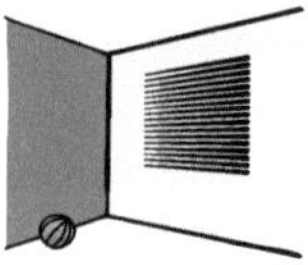

ድ ዳ
....
קיר

ጣሪያ
....
תקרה

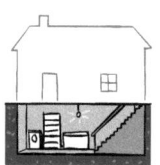

ምድር ቤት
....
מרתף

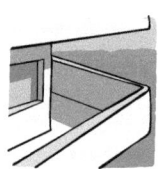

በእንፋሎት ሙቀት መታጠቢያ ቤት
....
סאונה

ሰገነት
....
מרפסת

ከፍ ያለ መደብ
....
מרפסת

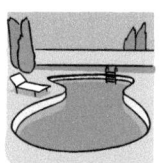

የመዋኛ ገንዳ
....
בריכה

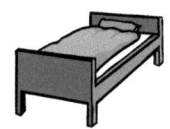

የማጨጃ መኪና
....
מכסחת דשא

አንሶላ
....
סדין

የአልጋ ልብስ
....
כיסוי מיטה

አልጋ
....
מיטה

መጥረጊያ
....
מטאטא

ባልዲ
....
דלי

ማብሪያና ማጥፊያ
....
מפסק

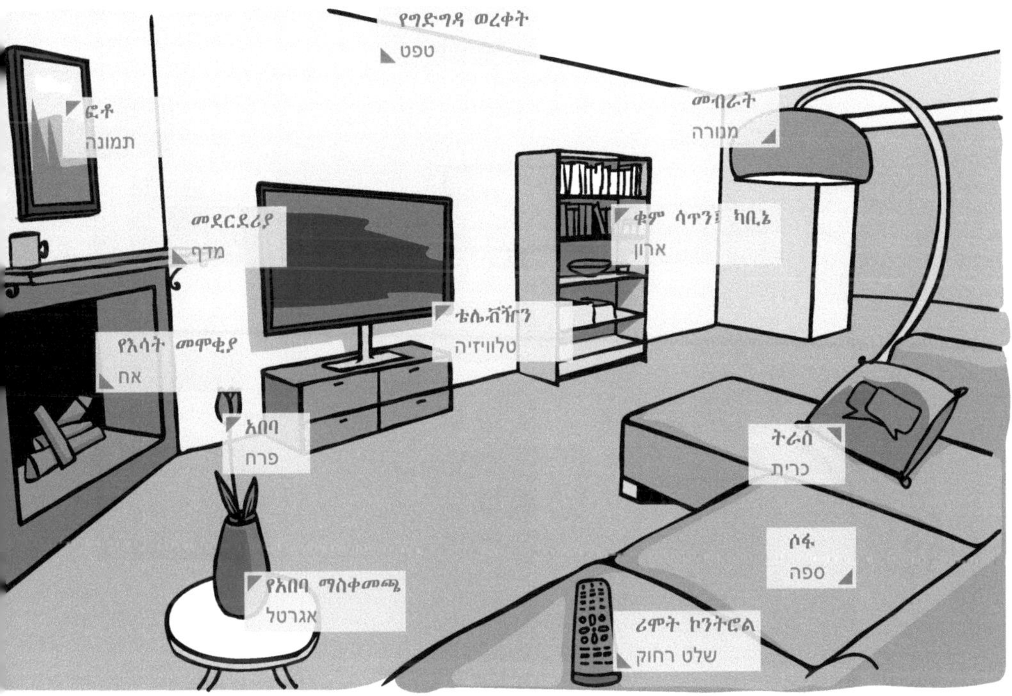

የግድግዳ ወረቀት / טפט

ፎቶ / תמונה

መብራት / מנורה

መደርደሪያ / מדף

ቄም ሳጥን፣ ካቢኔ / ארון

የእሳት መሞቂያ / אח

ቴሌቪዥን / טלוויזיה

አበባ / פרח

ትራስ / כרית

ሶፋ / ספה

የአበባ ማስቀመጫ / אגרטל

ሪሞት ኮንትሮል / שלט רחוק

ንጣፍ

שטיח

መጋረጃ

וילון

ጠረጴዛ

שולחן

ወንበር

כסא

ተወዛዋዥ ወንበር

כיסא נדנדה

ባለመደገፊያ ወንበር

כורסה

መጽሐፍ

ספר

ብርድ ልብስ

שמיכה

ጌጥ

דקורציה

ማገዶ

עצי הסקה

ፊልም

סרט

የሙዚቃ መማጫወቻ

מערכת סטריאו

ቁልፍ

מפתח

ጋዜጣ

עיתון

ስዕል

ציור

የተለጠፈ ማስታወቂያ እንደ ስዕል

פוסטר

ራዲዮ

רדיו

ማስታወሻ ደብተር

מחברת

የአየር ማፅጃ ለምንጣፍ

שואב אבק

ቁልቋል

קקטוס

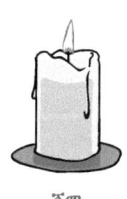

ሻማ

נר

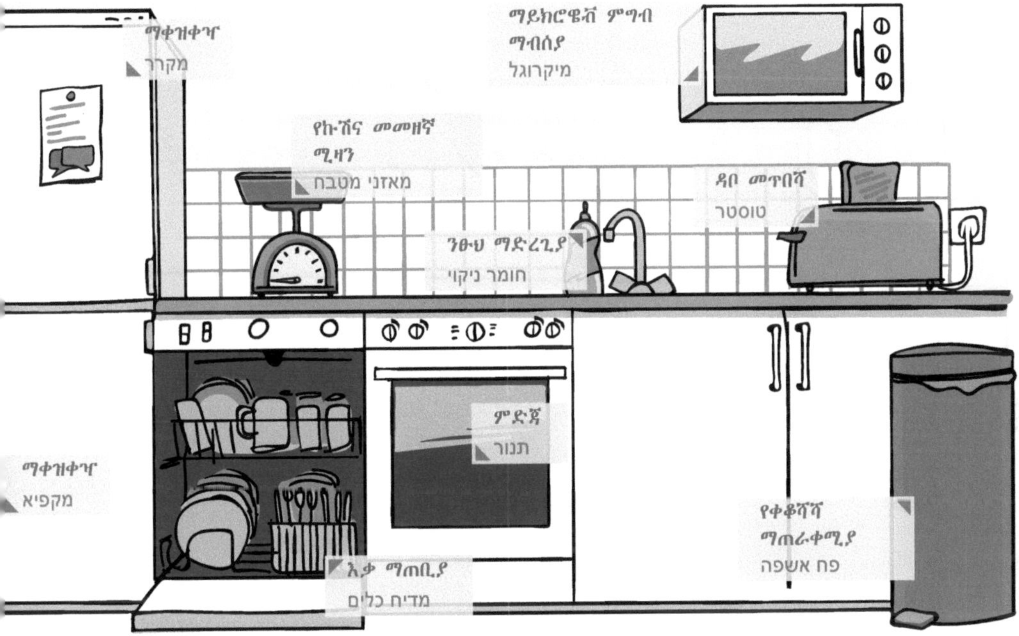

ማቀዝቀዣ
מקרר

ማይክሮዌቭ ምግብ ማብሰያ
מיקרוגל

የኩሽና መመዘኛ ሚዛን
מאזני מטבח

ዳቦ መጥበሻ
טוסטר

ንፁህ ማድረጊያ
חומר ניקוי

ምድጃ
תנור

ማቀዝቀዣ
מקפיא

የቆሻሻ ማጠራቀሚያ
פח אשפה

እቃ ማጠቢያ
מדיח כלים

ምግብ አብሳይ

תנור

ማሰሮ

סיר

የብረት ማሰሮ

סיר ברזל

ምግብ ማብሰያ ዝርግ ድስት

ווק

የምግብ መጥበሻ

מחבת

ማንቆርቆሪያ

קומקום חשמלי

የእንፋሎት ማብሰያ
....
מאדה

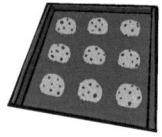

የመጋገሪያ ትሪ
....
מגש אפייה

ሰብስቦች
....
כלי אוכל

ትልቅ ኩባያ
....
ספל

ጎድጓዳ ሳህን
....
קערה

ቾፕስቲክስ
....
צ'ופסטיקס

ጭልፋ
....
מצקת

መሰቅሰቂያ ዝርግ ማንኪያ
....
מרית

ማደባለቂያ
....
מטרפה

መወጠሪያ
....
מסננת בישול

ወንፊት
....
מסננת

መፈርፈሪያ መሳሪያ
....
מגרדת

ሲሚንቶ
....
מכתש

የፍም ጥብስ
....
גריל

የተለቀቀ እሳት
....
מדורה

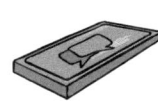

መክተፊያ

....

קרש חיתוך

ተንሸራታች መርፌ

....

מערוך

የጠርሙስ መክፈቻ

....

פותחן פקקים

ጣሳ

....

פחית

የጣሳ መክፈቻ

....

פותחן קופסאות

የማሰሮ መሸፈኛ

....

מטלית

ሳህን ማጠቢያ

....

כיור

ብሩሽ

....

מברשת

ስፖንጅ

....

ספוג

መደባለቂያ መሳሪያ

....

בלנדר

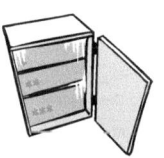

በጣም ማቀዝቀዣ

....

מקפיא

ጡጦ

....

בקבוק לתינוק

ቧንቧ

....

ברז

መታጠቢያ ቤት

חדר אמבטיה

መታጠቢያ
מקלחת
ማሞቂያ
חימום
ፎጣ
מגבת
የመታጠቢያ ቤት መጋረጃ
וילון מקלחת
የአረፋ መታጠቢያ
אמבטיית קצף
የመታጠቢያ ገንዳ
אמבטיה
ብርጭቆ
כוס
የልብስ ማጠቢያ
מכונת כביסה
ቧንቧ
ברז
אריחים
סיר לילה
כיור

ሽንት ቤት

אסלה

የሽንት ቤት መቀመጫ

אסלת כריעה

ሳፉ

בידה

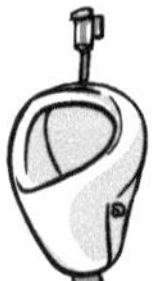

የመንገድ ዳር መሽኛ

משתנה

የሽንት ቤት ወረቀት

נייר טואלט

የሽንት ቤት ማፅጃ ብሩሽ

מברשת אסלה

የጥርስ ብሩሽ

מברשת שיניים

የጥርስ ሳሙና

משחת שיניים

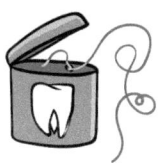

የጥርስ ማፅጃ ክር

חוט דנטלי

መታጠብ

שטף

የእጅ መታጠቢያ

מקלחת יד

መታጠቢያ

צינור שטיפה לשירותים

ጎድጓዳ ሳህን

קערת רחצה

የጀርባ ብሩሽ

מברשת גב

ሳሙና

סבון

መታጠቢያ የሚዝለገለግ ሳሙና

ג'ל רחצה

የፀጉር መታጠቢያ ሳሙና

שמפו

ለስላሳ ጨርቅ

ליפה

ፍሳሽ

ניקוז

ክሬም

קרם

ጠረን መቀየሪያ ንጥረ ነገር

דיאודורנט

መስታወት

מראה

የእጅ መስታወት

מראת יד

ምላጭ

סכין גילוח

የመላጫ አረፋ

קצף גילוח

ከመላጨት በኋላ የሚቀባ ሽቱ

אפטרשייב

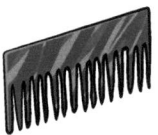

ማበጠሪያ

מסרק

ብሩሽ

מברשת

የፀጉር ማድረቂያ

מייבש שיעור

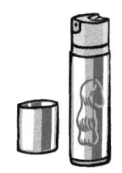

በፀጉር ላይ የሚነፋ

ספריי לשיער

የፊት መቀባቢያ

איפור

የከንፈር ቀለም

שפתון

የጥፍር ቀለም

לק

የጥጥ ሱፍ

צמר גפן

ጥፍር መቁረጫ

מספריים לציפורניים

ሽቶ

בושם

ማጠቢያ ባልዲ

תיק כלי רחצה

መቀመጫ

שרפרף

ሚዛን

משקל

የመታጠቢያ ልብስ

חלוק רחצה

የላስቲክ ጓንት

כפפות גומי

ሞዴስ

טמפון

የፅዳት ፎጣ

תחבושת סניטרית

የሽንት ቤት ኬሚካል

שירותים כימיקליים

የልጅ ክፍል
חדר ילדים

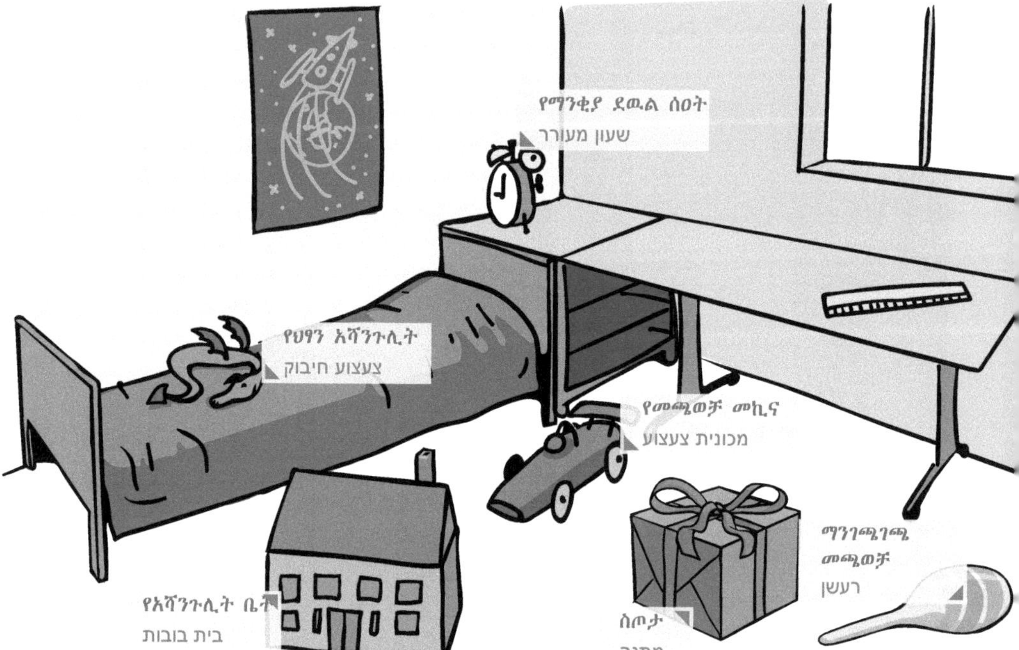

የማንቂያ ደዉል ሰዐት
שעון מעורר
የህፃን አሻንጉሊት
צעצוע חיבוק
የመጫወቻ መኪና
מכונית צעצוע
ማንገጫገጫ መጫወቻ
רעשן
የአሻንጉሊት ቤት
בית בובות
ስጦታ
מתנה

ፊኛ
בלון

አልጋ
מיטה

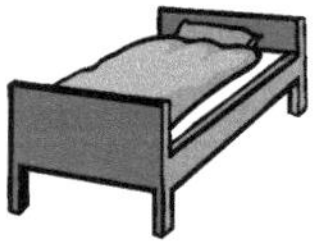

የህፃን ማንሸራሸሪያ ጋሪ
עגלה

የካርታ መጫወቻ
משחק קלפים

ቁርጥራጭ ምስሎችን የማገጣጠም እና ምስል የማግኘት ጨዋታ
פאזל

አዝናኝ
קומיקס

ተገጣጣሚ መጫወቻ

לגו

የመጫወቻ መገጣጠሚያዎች

קוביות משחק

የድርጊት ምስል

דמות משחק

የህፃን እድገት

סרבל תינוקות

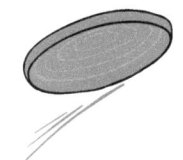

የፕላስቲክ መጫወቻ ዝርግ ሰሀን

פריזבי

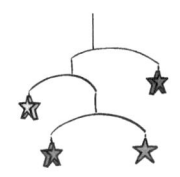

ተወዛዋዥ የህፃን ማጫወቻ

נייד

የሰሌዳ ጨዋታ

משחק לוח

የመጫወቻ ጠጠር

קוביה

የመጫወቻ ባቡር

רכבת צעצוע

የእንጀራ እናት ጡጦ

מוצץ

ድግስ

מסיבה

የስዕል መፅሀፍ

אלבום תמונות

ኳስ

כדור

አሻንጉሊት

בובה

መጫወት

שיחק

የአሸዋ መጫወቻ

....

ארגז חול

ዥዋዥዌ

....

נדנדה

መጫወቻዎች

....

צעצועים

የቪዲዮ መጫወቻ

....

קונסולת משחקים

ባለ ሶስት ጎማ ብስክሌት

....

אופניים תלת גלגלי

የአሻንጉሊት ድብ

....

דובון

ቁምሳጥን

....

ארון בגדים

አልባሳት

בגדים

ካልሲዎች

....

גרביים

ስቶኪንጎች

....

גרביונים

ታይት

....

גרביון

የአንገት ልብስ
צעיף

מטריה

ከናቴራ
חולצת טי

ቀበቶ
חגורה

ስኒከሮች
נעלי ספורט

מגפיים

የቤት ዉስጥ ነጠላ ጫማ
נעלי בית

ነጠላ ጫማዎች

סנדלים

ጫማዎች

נעליים

የዝናብ ቡትስ

מגפי גומי

ሙታንታ

תחתונים

ጡት መያዣ

חזייה

ሰደርያ

וסט

ሰዉነት

גוף

ሱሪዎች

מכנסיים

ጅንስ

ג'ינס

ጉርድ ቀሚስ

חצאית

ሸሚዝ

חולצה מכופתרת

ሸሚዝ

חולצה

የሚጠለቅ ሹራብ

אפודה

ሹራብ

סווצ׳ר עם קפוצ׳ון

ዩኒፎርም ጃኬት

בלייזר

ጃኬት

ז'קט

ኮት

מעיל

የዝናብ ኮት

מעיל גשם

ልብስ

תלבושת

ቀሚስ

שמלה

የሙሽራ ቀሚስ

שמלת כלה

ሱፍ

חליפה

የለሊት ልብስ

כותונת לילה

የለሊት ልብስ

פיג'מה

ረጅም ቀሚስ

סארי

ሂጃብ

מטפחת ראש

ጥምጣም

טורבן

ቡርቃ

בורקה

ሸርጥ

קאפטן

አባያ

עבאיה

የዋና ልብስ

בגד ים

አጭር ቁምጣ

בגד ים

ቁምጣዎች

מכנסיים קצרים

የስራ ቱታ

בגד אימון

ሸርጥ

סינר

ጓንት

כפפות

ቁልፍ

כפתור

መነፅር

משקפיים

አምባር

צמיד יד

የአንገት ሀብል

שרשרת

ቀለበት

טבעת

የጆሮ ጌጥ

עגיל

ኮፍያ

כובע

የኮት መስቀያ

קולב

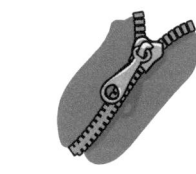

ኮፍያ

כובע

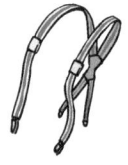

ከረቫት

עניבה

ዚፕ

רוכסן

የብረት ቆብ

קסדה

መደገፊያ

כתפיות

የትምህርት ቤት የደንብ ልብስ

תלבושת בית ספר

የደንብ ልብስ

מדים

መሃረብ

מפית אוכל

የእንጀራ እናት ጡጦ

מוצץ

ሽንት ጨርቅ

חיתול

ቢሮ

משרד

ማሰራጫ
ጣቢያ
שרת
የፋይል መደርደሪያ
ካቢኔ
תיקייה
የህትመት መሳሪያ
מדפסת
ወረቀት
נייר
መቆጣጠሪያ
מסך
עכבר
መፃፊያ ጠረጴዛ
שולחן עבודה
ማህደር
תיק
מקלדת
የቆሻሻ ወረቀት መጣያ
ቅርጫት
סל נייר
מחשב
ወንበር
כסא

የቡና መጠጫ ትልቅ ኩባያ

ספל קפה

ማስልያ ማሽን

מחשבון

ኢንተርኔት

אינטרנט

መልዕክት

הודעה

ደብዳቤ

מכתב

ላፕቶፕ

מחשב נייד

ማባዣ ማሽን

מכונת צילום

የግንኙነት አዉታር

רשת

ተንቀሳቃሽ ስልክ

נייד

የግድግዳ ሶኬት

שקע

ስልክ

טלפון

ሶፍትዌር

תוכנה

ሰነድ

מסמך

ቅፅ

טופס

የፋክስ ማሽን

פקס

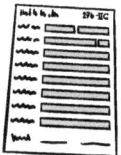

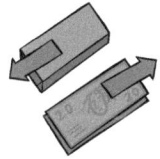

ኢኮኖሚ
כלכלה

መነገድ

סחר

መክፈል

שילם

መግዛት

קנה

ዩሮ

יורו

ዶላር

דולר

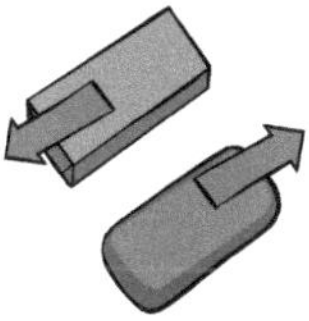

ገንዘብ

כסף

የስዊዝ ፍራንክ

פרנק שווייצרי

ሩብል

רובל

የን

ין

የገንዘብ ነጥብ

כספומט

ሩጲ

רופי

ሬንሚንቢ ዩዋን

יואן רנמינבי

የዉጭ ገንዘብ ምንዛሪ ቢሮ

המרת מטבע

ወርቅ

זהב

ብር

כסף

ዘይት

נפט

ሀይል፤ ጉልበት

אנרגיה

ዋጋ

מחיר

ግንኙነት

חוזה

ቀረጥ

מס

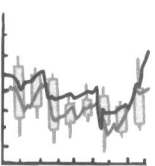

አክስዮን

מנייה

መስራት

עבד

ተቀጣሪ

עובד

ቀጣሪ

מעסיק

ፋብሪካ

מפעל

ሱቅ

חנות

52   ኢኮኖሚ - כלכלה

የስራ ሙያዎች

מקצועות

የፖሊስ አዛዥ
שוטר
የእሳት አደጋ ሰራተኛ
כבאי
ምግብ አብሳይ
טבח
ዶክተር
רופא
አብራሪ
טייס

አትክልተኛ

גנן

አናጢ

נגר

ልብስ ሰፊ ሴት

תופרת

ዳኛ

שופט

ቀማሚ

כימאי

ተዋናይ

שחקן

የአዉቶቢስ ሹፌር

נהג אוטובוס

የታክሲ ሹፌር

נהג מונית

አሳ አጥማጅ

דייג

ፅዳት ሰራተኛ

עובדת נקיון

የጣራ ሰራተኛ

מתקן גגות

አስተናጋጅ

מלצר

አዳኝ

צייד

ሰዓሊ

צייר

ጋጋሪ

אופה

የኤሌትሪክ ሰራተኛ

חשמלאי

ገምቢ

עובד בניין

መሃንዲስ

מהנדס

ልኳንዳ

קצב

የቧንቧ ሰራተኛ

אינסטלטור

የፖስታ ሰራተኛ

דוור

ወታደር

חייל

መሃንዲስ

אדריכל

የሒሳብ ሰራተኛ

קופאי

አበባ ሻጭ

מוכר פרחים

የፀጉር ሰራተኛ

ספר

ቲኬት ቆራጭ

כרטיסן

መካኒክ

מכונאי

ካፒቴን

קברניט

የጥርስ ሐኪም

רופא שיניים

ተመራማሪ

מדען

መምህር

רב

የሙስሊም ሃይማኖታዊ መሪ

אימאם

መነኩሴ

נזיר

ካህን

כומר

መሳሪያዎች

כלי עבודה

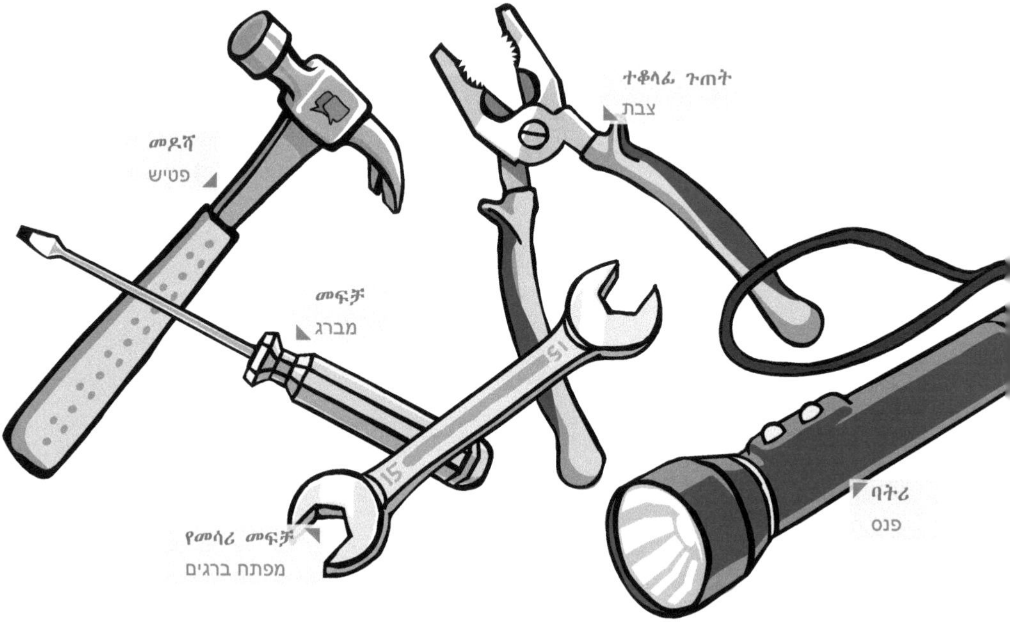

መዶሻ
פטיש
ተቆላፊ ጉጠት
צבת
መፍቻ
מברג
የመሳሪ መፍቻ
מפתח ברגים
ባትሪ
פנס

በቁፋሮ የሚዝቅ

דחפור

የመፍቻ ሳጥን

ארגז כלים

መሰላል

סולם

መጋዝ

מסור

ምስማር

מסמרים

መሰርሰሪያ

מקדחה

መጠገን

תיקן

አካፋ

את חפירה

የተረገመ!

לעזאזל!

ቆሻሻ ማፈሻ

יעה

የቀለም ቆርቆሮ

פח צבע

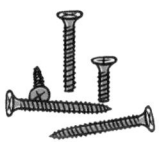

ብሎን

ברגים

የሙዚቃ መሳሪያዎች

כלי נגינה

የድምፅ ማጉያ መሳሪያ
רמקול
የከበሮ መሳሪያዎች
מערכת תופים
ክራር መሰል የሙዚቃ መሳሪያ
גיטרה
የትንፋሽ ሙዚቃ መሳሪያ
חצוצרה
ድርብ ቤዝ ጊታር
קונטראבס

ፒያኖ

פסנתר

ቫዮሊን

כינור

ወፍራም፤ ጎርናና ድምፅ ያለዉ ክራር መሰል ሙዚቃ መሳሪያ

בס

ነጋሪት

תוף הדוד

ከበሮ

תופים

በኤሌክትሪክ የሚሰራ ፒኖ

מקלדת פסנתר

የትንፋሽ ሙዚቃ መሳሪያ

סקסופון

ዋሽንት

חליל

የድምፅ ማጉያ

מיקרופון

גן חיות

መግቢያ
כניסה
ነብር
נמר
ሳጥን
כלוב
የሜዳ አህያ
זברה
የእንስሳ ምግብ
מזון לחיות
ትልቅ ድብ
פנדה

እንስሳቶች

בעלי חיים

ዝሆን

פיל

ካንጋሮ

קנגרו

አዉራሪስ

קרנף

ትልቅ ዝንጀሮ

גורילה

ድብ

דוב

ግመል

גמל

ሰጎን

יען

አንበሳ

אריה

ጦጣ

קוף

ቅልጥመ ረዥም ወፍ

פלמינגו

በቀቀን

תוכי

የወዋልታ ድብ

דוב הקרח

የዋልታ ወፎች

פינגווין

ረጅም ጥርሶች ያሉትአሳ ነባሪ

כריש

ጣዎስ

טווס

እባብ

נחש

አዞ

תנין

የዱር እራዊት የሚጠበቁበት ማቆያን የሚጠብቅ

שומר גן החיות

አሳ በሊታ የባህር እንስሳ

כלב ים

የዱር ድመት

יגואר

ድንክ ፈረስ

סוס פוני

ነብር

לאופרד

ጉማሬ

היפופוטאם

ቀጭኔ

ג'ירפה

ንስር

נשר

ከርከሮ

חזיר בר

አሳ

דג

የባህር ኤሊ

צב

የባህር አዉሬ

סוס ים

ቀበሮ

שועל

የሜዳ ፍየል፤ ሚዳቋ

איילה

የስፖርት አይነቶች

ספורט

የአሜሪካ እግርኳስ
פוטבול אמריקאי
የብስክሌት ስፖርት
רכיבת אופניים
ቴኒስ
טניס
የቅርጫት ኳስ
כדורסל
ዋና
שחיה
የቡጢ ስፖርት
אגרוף
የበረዶ ላይ የገና ጨዋታ
הוקי

እግር ኳስ

כדורגל

የላበ ኳስ ጨዋታ

בדמינטון

አትሌቲክስ

אתלטיקה

የእጅ ኳስ ስፖርት

כדור-יד

የበረዶ መንሸራተት ስፖርት

עשה סקי

ፈረስ ግልቢያ

פולו

መዘለል קפץ

ማቀፍ חיבק

መሳቅ צחק

መራመድ הלך

መዝመር שר

መጸለይ התפלל

መሳም נשק

ህልም ማለም חלם

መፃፍ
....
כתב

መሳል
....
צייר

ማሳየት
....
הראה

መግፋት
....
דחף

መስጠት
....
נתן

መዉሰድ
....
לקח

መያዝ	*ማድረግ*	*መሆን*
יש / להיות הבעלים	עשה	היה

መቆም	*መሮጥ*	*መሳብ*
עמד	רץ	משך

መወርወር	*መዉደቅ*	*መዋሸት*
זרק	נפל	שכב

መጠበቅ	*መሸከም*	*መቀመጥ*
חיכה	סחב	ישב

መልበስ	*መተኛት*	*መንቃት*
התלבש	ישן	התעורר

መመልከት
....
הסתכל ב-

ማለልቀስ
....
בכה

መጫር
....
ליטף

ማበጠር
....
סירק

ማዉራት
....
דיבר

መረዳት
....
הבין

ጥያቄ
....
שאל

ማዳመጥ
....
שמע

መጠጣት
....
שתה

መብላት
....
אכל

ማንፃት
....
סידר

ማፍቀር
....
אהב

ምግብ ማብሰል
....
בישל

መንዳት
....
נהג

መብረር
....
עף

መርከብ መንዳት

....

שט

ቁጥሮችን ማስላት

....

חישב

ማንበብ

....

קרא

መማር

....

למד

መስራት

....

עבד

ማግባት

....

התחתן

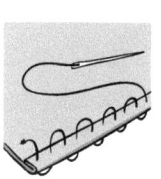

መስፋት

....

תפר

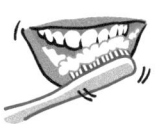

ጥርስ መቦረሽ

....

ציחצח שיניים

መግደል

....

הרג

ማጨስ

....

עישן

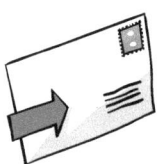

መላክ

....

שלח

ቤተሰብ

משפחה

የሴት አያት
סבתא
የወንድ አያት
סבא
አባት
אבא
እናት
אימא
תינוק
ሴት ልጅ
בת
ወንድ ልጅ
בן

እንግዳ

אורח

አክስት

דודה

አጎት

דוד

ወንድም

אח

እህት

אחות

አካል
גוף

ግንባር
מצח
עין
כתף
ጣት
אצבע
ፊት
פנים
አገጭ
סנטר
እጅ
כף יד
ጡት
חזה
እግር
רגל
ክንድ
זרוע

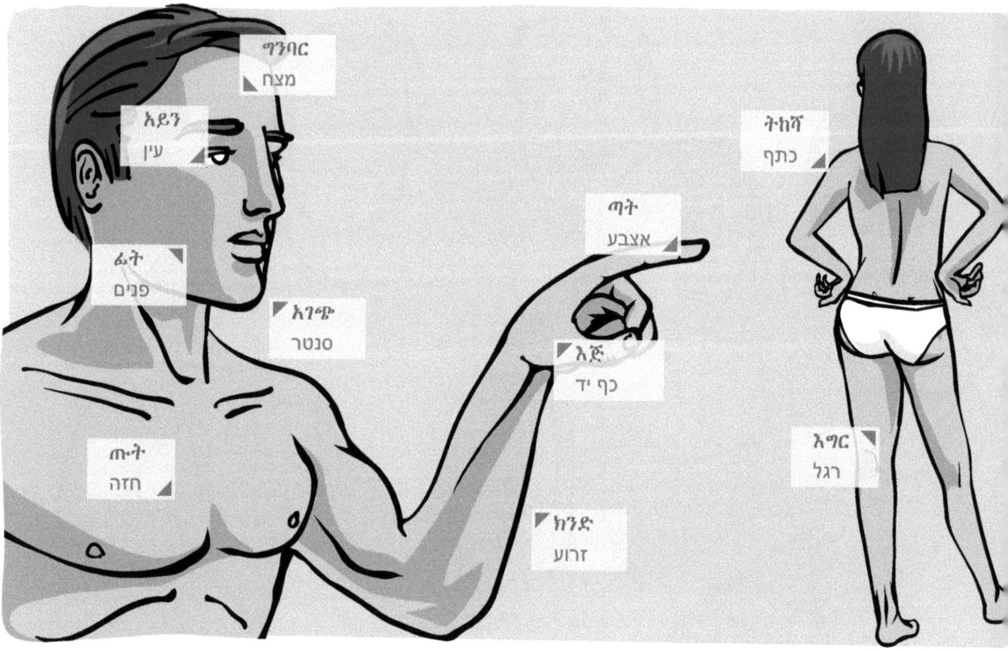

ህፃን
....
תינוק

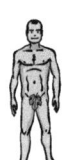

ሰዉ
....
איש

ሴት
....
אישה

ልጃገረድ
....
ילדה

ወንድ ልጅ
....
ילד

ራስ
....
ראש

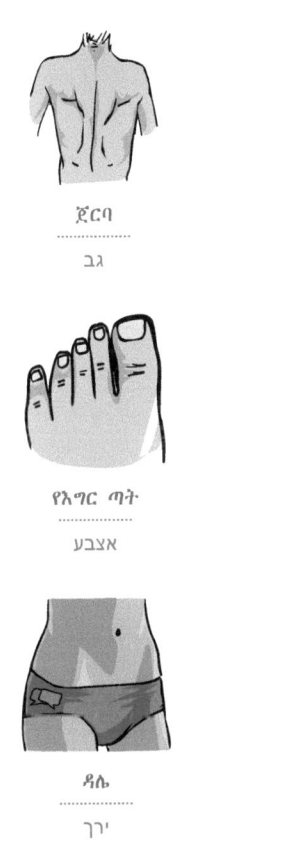

ጀርባ

גב

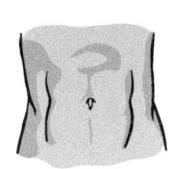

ሆድ

בטן

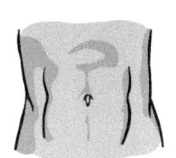

እምብርት

טבור

የእግር ጣት

אצבע

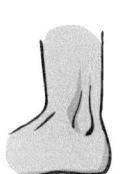

ተረከዝ

עקב

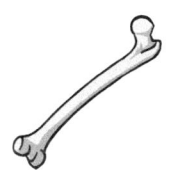

አጥንት

עצם

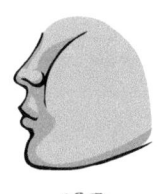

ዳሌ

ירך

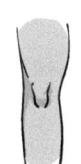

ጉልበት

ברך

ክርን

מרפק

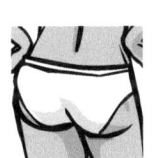

አፍንጫ

אף

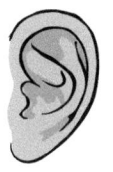

ቂጥ

עכוז

ቆዳ

עור

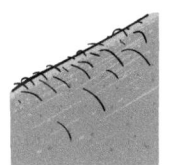

ጉንጭ

לחי

ጆሮ

אוזן

ከንፈር

שפתיים

አፍ
....
פה

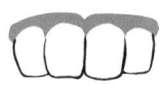

ጥርስ
....
שן

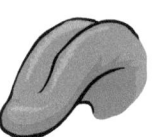

ምላስ
....
לשון

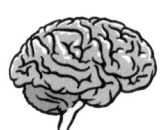

አንጎል
....
מוח

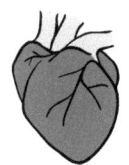

ልብ
....
לב

ጡንቻ
....
שריר

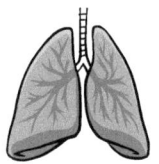

ሳምባ
....
ריאה

ጉበት
....
כבד

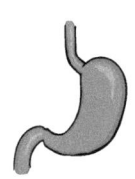

ሆድ
....
קיבה

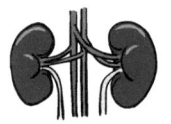

ኩላሊቶች
....
כליות

የግብረስጋ ግንኙነት
....
מין

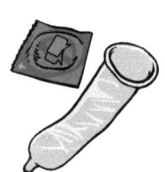

ኮንዶም
....
קונדום

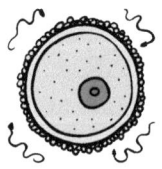

የሴት እንቁላል
....
ביצית

የዘር ፈሳሽ
....
זרע

እርግዝና
....
הריון

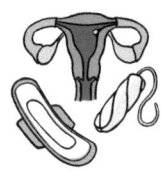

የወር አበባ

וסת

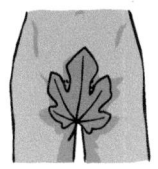

እምስ

נרתיק

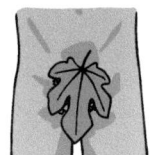

ቁላ

פין

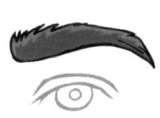

ቅንድብ

גבה

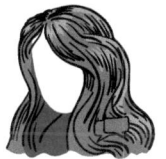

ፀጉር

שיער

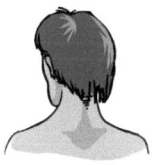

አንገት

צוואר

ሆስፒታል
בית חולים

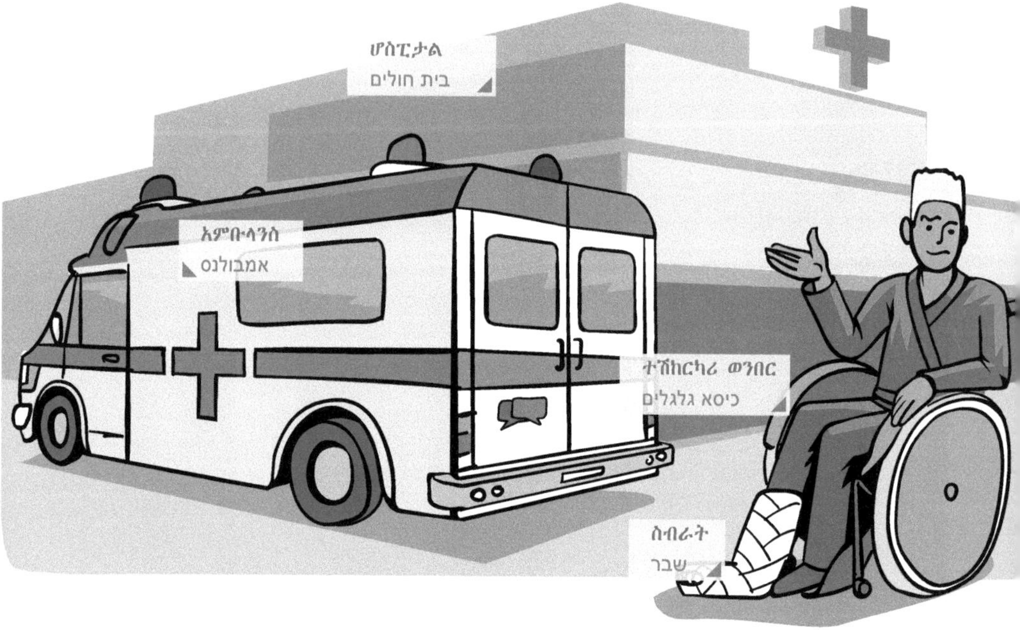

ሆስፒታል
בית חולים
አምቡላንስ
אמבולנס
ተሽከርካሪ ወንበር
כיסא גלגלים
ስብራት
שבר

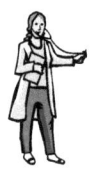

ዶክተር

רופא

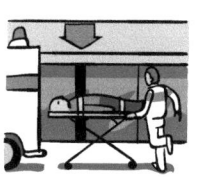

ድንገተኛ ክፍል

חדר מיון

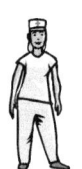

ነርስ

אחות

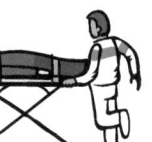

ድንገተኛ

חירום

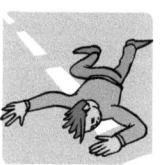

ራስን መሳት/ አለማወቅ

חסר הכרה

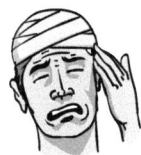

ህመም

כאב

ጉዳት

פציעה

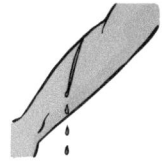

መድማት

דימום

የልብ ድካም

התקף לב

ስትሮክ

שבץ

አለርጂ

אלרגיה

ሳል

שיעול

ትኩሳት

חום

ኢንፍሎዌንዛ

שפעת

ተቅማጥ

שלשול

የራስ ምታት

כאב ראש

ካንሰር

סרטן

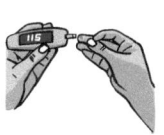

የስኳር በሽታ

סוכרת

ቀዶ ጠጋኝ ሐኪም

מנתח

የቀዶ ጥገና ስለት

אזמל

ቀዶ ጥገና

ניתוח

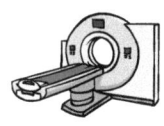

ሲቲ

סי-טי

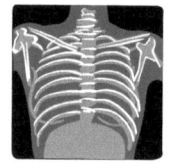

ኤክስሬዩ

רנטגן

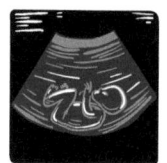

አልትራሳዉንድ

אולטרסאונד

የፊት ጭምብል

מסיכת פנים

በሽታ

מחלה

መጠበቂያ ክፍል

חדר המתנה

ምርኩዝ

קבה

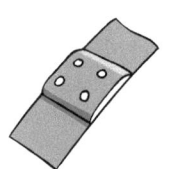

የቁስል ማሽጊያ

פלסטר

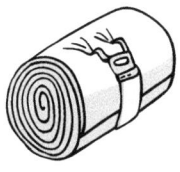

ፋሻ

תחבושת

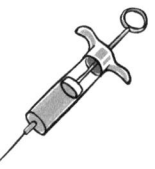

መርፌ

זריקה

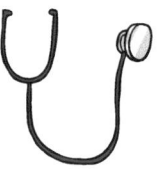

የልብ ምት ማዳመጫ መሳሪያ

סטטוסקופ

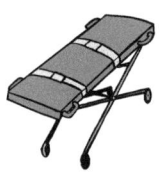

የበሽተኛ አልጋ

אלונקה

የህክምና ሙቀት መለኪያ መሳሪያ

מד חום

መውለድ

לידה

ከልክ ያለፈ ክብደት

עודף משקל

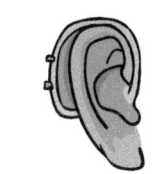

ለመስማት የሚረዳ መሳሪያ

מכשיר שמיעה

ፀረ ተባይ መድሀኒት

מחטא

ማመርቀዝ

זיהום

ቫይረስ

נגיף

ኤች አይቪ ኤድስ

איידס

ህክምና

תרופה

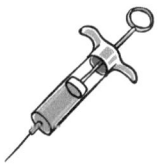

ክትባት

חיסון

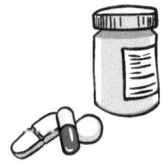

ኪኒን

טבליות

ኪኒን

גלולה

አስቸኳይ የስልክ ጥሪ

קריאת חירום

ደም ግፊት መቆጣጠሪያ

מד לחץ דם

ህመም/ ጤንነት

חולה / בריא

ድንገተኛ

חירום

እርዳታ!

הצילו!

ማንቂያ ደዉል

אזעקה

ጥቃት

פשיטה

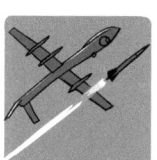

ድብደባ

תקיפה

አደጋ

סכנה

የድንገተኛ መዉጫ

יציאת חירום

እሳት!

אש!

እሳት ማጥፊያ

מטף כיבוי

አደጋ

תאונה

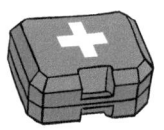

የመጀመሪያ እርዳታ መድሃኒት መያዣ

ערכת עזרה ראשונה

ነፍስ አድን

הצילו!

ፖሊስ

משטרה

አዉሮፓ

אירופה

ሰሜን አሜሪካ

צפון אמריקה

ደቡብ አሜሪካ

דרום אמריקה

አፍሪካ

אפריקה

እስያ

אסיה

አዉስትራሊያ

אוסטרליה

አትላንቲክ

האוקיינוס האטלנטי

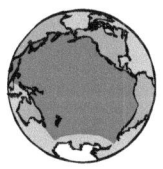

ፓስፊክ

האוקיינוס השקט

የህንድ ዉቅያኖስ

האוקיינוס ההודי

አንታርክቲክ ዉቅያኖስ

האוקיינוס האנטרקטי

አርክቲክ ዉቅያኖስ

האוקיינוס הארקטי

ሰሜን ዋልታ

הקוטב הצפוני

ደቡብ ዋልታ

הקוטב הדרומי

አንታርክቲካ

אנטארקטיקה

ምድር

כדור הארץ

መሬት

אדמה

ባህር

ים

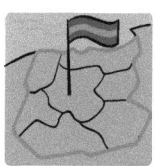

ደሴት

אי

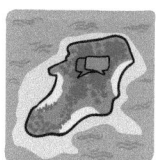

አገርና ህዝብ

לאום

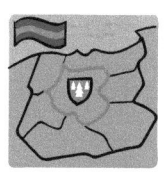

መንግስት

מדינה

የሰዓት ገፅታ

פני השעון

ሰዓት

מחוג השעות

ደቂቃ

מחוג הדקות

ሴኮንድ

מחוג השניות

ስንት ሰዓት ነው?

מה השעה?

ቀን

יום

ጊዜ

זמן

አሁን

עכשיו

የቁጥር ሰዐት

שעון דיגיטלי

ደቂቃ

דקה

ሰዓታት

שעה

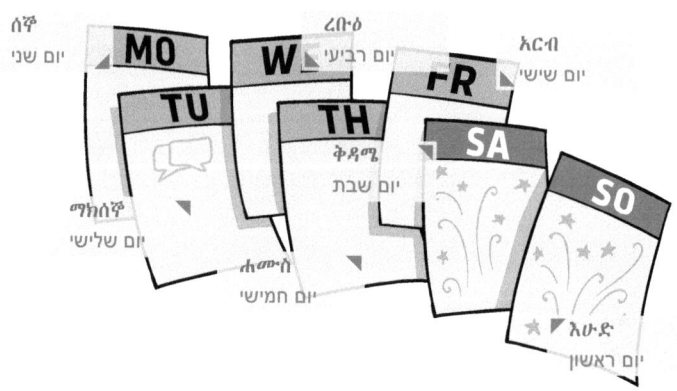

ሰኞ · יום שני — MO
ረቡዕ · יום רביעי — W
ዓርብ · יום שישי — FR
ማክሰኞ · יום שלישי — TU
ቅዳሜ · יום שבת — TH · SA
ሐሙስ · יום חמישי
እሑድ · יום ראשון — SO

ትላንት
אתמול

ዛሬ
היום

ነገ
מחר

ማለዳ
בוקר

ቀትር
צהריים

ምሽት
ערב

MO	TU	WE	TH	FR	SA	SU
1	2	3	4	5	6	7
8	9	10	11	12	13	14
15	16	17	18	19	20	21
22	23	24	25	26	27	28
29	30	31	1	2	3	4

የስራ ቀናት
ימי עבודה

MO	TU	WE	TH	FR	SA	SU
1	2	3	4	5	6	7
8	9	10	11	12	13	14
15	16	17	18	19	20	21
22	23	24	25	26	27	28
29	30	31	1	2	3	4

የዕረፍት ቀናት
סוף שבוע

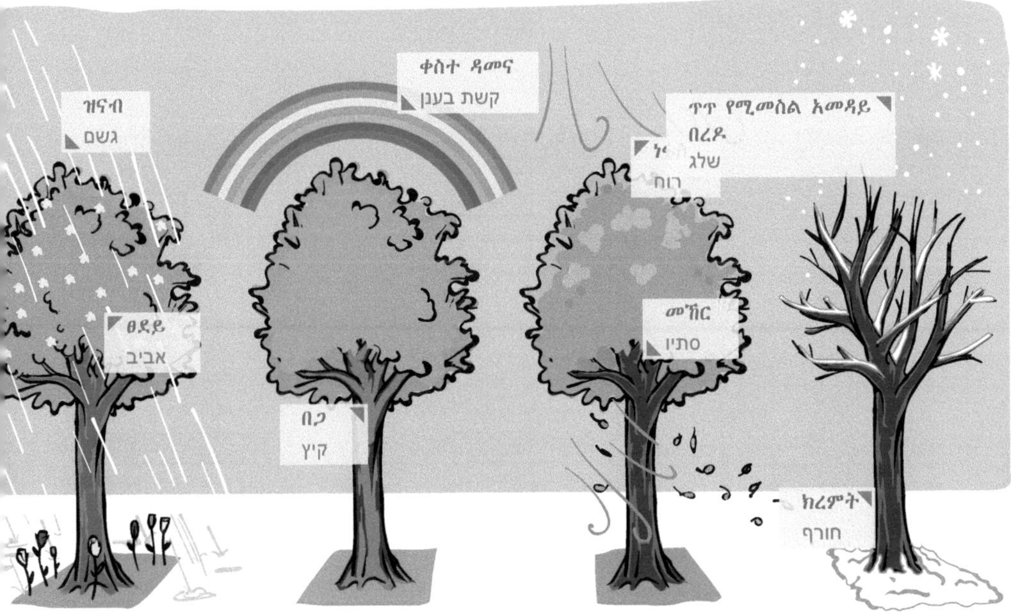

ዝናብ
גשם
ቀስተ ዳመና
קשת בענן
ጥጥ የሚመስል አመዳይ
በረዶ
שלג
רוח
ፀደይ
אביב
በጋ
קיץ
መኸር
סתיו
ክረምት
חורף

4.APRIL 11°
5.APRIL 4°
6.APRIL 13°
7.APRIL 8°
8.APRIL 10°

የአየር ሁኔታ ትንበያ

תחזית מזג האוויר

F C
120 40
90 30
60 20
30 10
0 0
-30 -10
-20

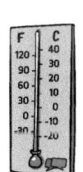

የሙቀት መለኪያ

מד חום

የፀሀይ ሙቀት

אור שמש

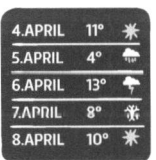

ደመና

ענן

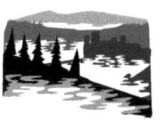

ጭጋግ

ערפל

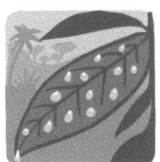

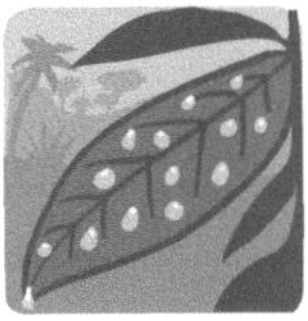

እርጥበታማነት

לחות

መብረቕ

....

ברק

ነጎድጓድ

....

רעם

ኣዉሎ ንፋስ

....

סערה

የበረዶ ዝናብ

....

ברד

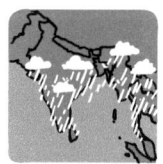

ኣዉሎ ንፋስ

....

רוח עונתי

ኀርፍ

....

שיטפון

በረዶ

....

קרח

ጥር

....

ינואר

የካቲት

....

פברואר

መጋቢት

....

מרץ

ሚያዚያ

....

אפריל

ግንቦት

....

מאי

ሰኔ

....

יוני

ሐምሌ

....

יולי

ነሀሴ

....

אוגוסט

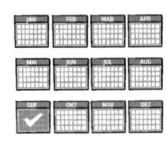

መስከረም

ספטמבר

ጥቅምት

אוקטובר

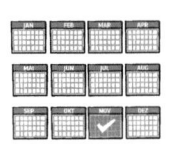

ህዳር

נובמבר

ታህሳስ

דצמבר

ቅርፆች

צורות

ክብ

עיגול

አራት ማዕዘን

מרובע

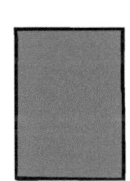

አራት ቀጥተኛ ማዕዘኖች ጎኖች ያሉት ቅርፅ

מלבן

ሶስት ማዕዘን

משולש

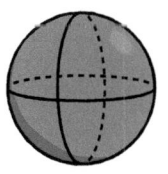

ሉል

כדור

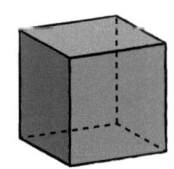

ስድስት ጎን ያለዉ ቅርፅ

קובייה

ቀለማት

צבעים

ነጭ

לבן

ቢጫ

צהוב

ብርቱካናማ

כתום

ሮዝ

ורוד

ቀይ

אדום

ወይን ጠጅ

סגול

ሰማያዊ

כחול

አረንጓዴ

ירוק

ቡኒ

חום

ግራጫ

אפור

ጥቁር

שחור

ተቃራኒዎች

הפכים

ቆንጆ/ አስቀያሚ

יפה / מכוער

ንዴት/ እርጋታ

כועס / רגוע

ብዙ/ ጥቂት

הרבה / מעט

ደማቅ/ ደብዛዛ

בהיר / כהה

ትልቅ/ ትንሽ

גדול / קטן

ጅማሬ/ ፍፃሜ

התחלה / סוף

የተሟላ/ ያልተሟላ

שלם / חלקי

ንፁህ/ ቆሻሻ

נקי / מלוכלך

ወንድም/ እህት

אח / אחות

ሰፊ/ ጠባብ

רחב / צר

የሞተ/ ህያዉ

מת / חי

ቀን/ ምሽት

יום /לילה

የሚበላ/ የማይበላ

אכיל / לא אכיל

ክፉ/ ደግ

רשע / טוב לב

ደስተኛ/ ድብርተኛ

מתרגש / משועמם

ወፍራም/ ቀጭን

שמן / רזה

መጀመርያ/ መጨረሻ

ראשון / אחרון

ጓደኛ/ ጠላት

חבר / אויב

ሙሉ/ ጎዶሎ

מלא / ריק

ጠንካራ/ ለስላሳ

קשה / רך

ከባድ/ ቀላል

כבד / קל

ረሃብ/ ጥማት

רעב / צמא

ህመም/ ጤንነት

חולה / בריא

ህገወጥ/ ህጋዊ

בלתי-חוקי / חוקי

ጎበዝ/ ደደብ

נבון / טיפש

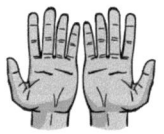

ግራ/ ቀኝ

שמאל / ימין

ቅርብ/ ሩቅ

קרוב / רחוק

አዲስ/ አሮጌ

חדש / משומש

ምንም/ የሆነ ነገር

כלום / משהו

ሽማግሌ/ ወጣት

זקן / צעיר

የበራ/ የጠፋ

פעיל / כבוי

ክፍት/ ዝግ

פתוח / סגור

ፀጥታ/ ጫጫታ

שקט / רועש

ሃብታም/ ደሃ

עשיר / עני

ትክክለኛ/ የተሳሳተ

נכון / שגוי

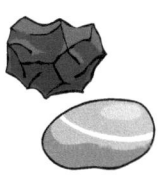

ሻካራ/ ለስላሳ

מחוספס / חלק

ሐዘን/ ደስታ

עצוב / שמח

አጭር/ ረዥም

קצר / ארוך

ዝግተኛ/ ፈጣን

איטי / מהיר

እርጥብ/ ደረቅ

רטוב / יבש

ሞቃት/ ቀዝቃዛ

חם / קר

ጦርነት/ ሰላም

מלחמה / שלום

ቁጥሮች

מספרים

0	1	2
ዜሮ	አንድ	ሁለት
אפס	אחת	שתיים

3	4	5
ሶስት	አራት	አምስት
שלוש	ארבע	חמש

6	7	8
ስድስት	ሰባት	ስምንት
שש	שבע	שמונה

9	10	11
ዘጠኝ	አስር	አስራ አንድ
תשע	עשר	אחת-עשרה

12

አስራ ሁለት
....
שתים-עשרה

13

አስራ ሶስት
....
שלוש-עשרה

14

አስራ አራት
....
ארבע-עשרה

15

አስራ አምስት
....
חמש-עשרה

16

አስራ ስድስት
....
שש-עשרה

17

አስራ ሰባት
....
שבע-עשרה

18

አስራ ስስምንት
....
שמונה-עשרה

19

አስራ ዘጠኝ
....
תשע-עשרה

20

ሃያ
....
עשרים

100

መቶ
....
מאה

1.000

ሺህ
....
אלף

1.000.000

ሚሊዮን
....
מיליון

ቋንቋዎች

שפות

እንግሊዝኛ

אנגלית

የአሜሪካ እንግሊዝኛ

אנגלית אמריקאית

የቻይና ማንዳሪን

סינית מנדרינית

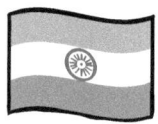

ሂንዱ

הודית

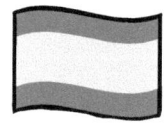

ስፓኒሽ

ספרדית

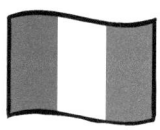

ፍሬንች

צרפתית

አረብኛ

ערבית

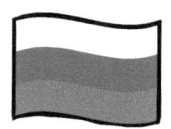

ራሺያኛ

רוסית

ፖርቹጊዝ

פורטוגזית

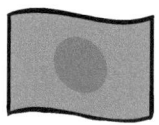

ቤንጋሊ

בנגלית

ጀርመን

גרמנית

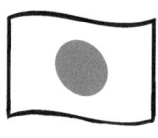

ጃፓንኛ

יפנית

ማን/ ምን/ እንዴት

מי / מה / איך

እኔ

אני

አንተ

אתה / את

እሱ/ እርሷ/ እቃዉ

הוא / היא / זה

እኛ

אנחנו

አንተ

אתם

እነርሱ

הם

ማን?

מי?

ምን?

מה?

እንዴት?

איך?

የት?

איפה?

መቼ?

מתי?

ስም

שם

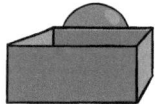

የት
איפה

በስተጀርባ

מאחור

ዉስጥ

בתוך

ከፊት ለፊት

לפני

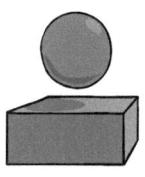

ከላይ

מעל

ላይ

על

ከስር

מתחת

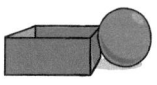

አጠገብ

ליד

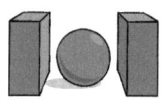

መሃከል

בין

ቦታ

מקום